Bienvenidas al mundo del

Club de Tea

Tea

¡Hola! Soy Tea Stilton, la hermana de Geronimo Stilton. Soy la enviada especial de *El Eco del Roedor*, el periódico más famoso de la Isla de los Ratones. Me encantan los viajes y me gusta conocer a personas de todo el mundo, como las chicas del Club de Tea. Son cinco amigas muy especiales. Os las presento...

Paulina

Altruista y muy activa, le gusta viajar y conocer gente de todo el mundo. Se le dan muy bien la tecnología y los ordenadores.

Pamela

Es muy hábil con la mecánica. Dadle un destornillador y arreglará cualquier cosa. Siente una especial debilidad por la pizza, la comería a todas horas, y le encanta cocinar.

Colette

Siente pasión por la ropa y los complementos, sobre todo si son de color rosa. De mayor quiere ser periodista especializada en moda.

Nicky

Es australiana y siente pasión por el deporte, la ecología y la naturaleza. Le gusta vivir al aire libre y nunca está quieta.

Violet

Le encanta leer y conocer cosas nuevas. Le gusta la música clásica y sueña con ser una violinista famosa.

¿Quieres ser miembro del Club de Tea?

....

Me gusta ....
....
....
....
....
....

Textos de Tea Stilton
Inspirado en una idea original de Elisabetta Dami
Dirección artística: Iacopo Bruno
Cubierta de Caterina Giorgetti (diseño) y Christian Aliprandi (color)
Diseño gráfico: Mariagloria Posani / theWorldofDOT
Ilustraciones de las páginas iniciales y finales de Barbara Pellizzari (diseño) y Flavio Ferron (color) | Mapa: Caterina Giorgetti (diseño) y Flavio Ferron (color)
Ilustraciones interiores de Valeria Brambilla (diseño) y Francesco Castelli (color)
Coordinación artística de Flavio Ferron
Asistencia artística de Tommaso Valsecchi
Gráfica de Chiara Cebraro

Título original: *Il tesoro dei delfini azzurri*
© de la traducción: Helena Aguilà, 2017

Destino Infantil & Juvenil
infoinfantilyjuvenil@planeta.es
www.planetadelibrosinfantilyjuvenil.com
www.planetadelibros.com
Editado por Editorial Planeta, S. A.

Primera edición: junio de 2017
Tercera impresión: noviembre de 2018
ISBN: 978-84-08-17165-2
Depósito legal: B. 7.913-2017
Impreso en España – Printed in Spain

El papel utilizado para la impresión de este libro es cien por cien libre de cloro y está calificado como **papel ecológico**.

Tea Stilton

El tesoro de los DELFINES AZULES

DESTINO

¡LLEGA EL VERANO!

Cada chica del Club de Tea tiene una estación preferida. La de Colette, por ejemplo, es la PRIMAVERA, cuando el campo se llena de flores y sacamos del armario jerséis y abrigos para dejar espacio a la ropa más ligera.

Violet prefiere el encanto melancólico del OTOÑO, cuando el paisaje se tiñe de colores cálidos y poéticos. A Paulina y Pam les encanta el INVIERNO, y aprovechan los días de vacaciones para ir a ver a sus familias, ya que el resto del año sólo se comunican por E-MAIL o por teléfono. Para Nicky, en cambio, la estación IDEAL es sin lugar a dudas la del calor, los días largos, los deportes al aire libre, el buen humor y la energía: ¡el verano!

Aquel día de finales de mayo hacía una luminosa tarde. En el CALENDARIO el verano todavía no había empezado, pero la temperatura y el ambiente eran veraniegos. Nicky CORRÍA por los pasillos de la Universidad de Ratford en dirección al Club de las Lagartijas. Sabía que sus queridas amigas se habían reunido allí y quería proponerles alguna actividad divertida.

—¿Estáis listas? —exclamó con entusiasmo al llegar a la puerta del club.

—¿Listas para qué? —preguntó Colette alzando distraídamente los OJOS de la revista que estaba hojeando.

—Por hoy han terminado las clases... —añadió Violet, ahogando un bostezo.

CHICAS, ¿ESTÁIS LISTAS?
¿EH?
RATOGUE

—Exacto —dijo Nicky—. Ahora tenemos tiempo para **jugar** a las palas de playa o a voleibol, correr por la playa, nadar, hacer surf…

Paulina se levantó y se acercó a su amiga:

—**MMM**... —murmuró, observándola con atención—. Ropa ligera y deportiva… Olor a **CREMA** solar… Unas ganas incontenibles de estar al aire libre…

—Entonces se volvió a mirar a sus otras amigas y añadió—: No cabe ninguna duda, Nicky está afectada de… *¡ansias de verano!*

—¡Pues claro que sí! —asintió Colette

riendo y cerrando la revista—. Y creo que las ANSIAS DE VERANO son muy contagiosas, porque a mí también me han entrado ganas de coger las gafas de sol y el sombrero y salir a CORRER por la PLAYA.

El lugar perfecto

—Chicas, confiad en mí. ¡No hay mejor sitio en el mundo para hacer surf que la Isla de las Ballenas! ¡Os lo garantizo! —exclamó entusiasmada Nicky, colocando con cuidado la tabla de surf en el maletero del TODOTERRENO de su amiga Pamela.

Nicky había recorrido toda la isla durante semanas, en un día ventoso y soleado, cuando llegó a una fantástica PLAYA del norte, desde la que se veía el Islote de las Gaviotas. Era un lugar perfecto para hacer surf, donde el VIENTO levantaba olas tan altas que parecían muros de agua.

—A mí no se me da muy bien el surf… —suspiró Colette subiendo al todoterreno—. Pero, en cambio, soy **buenísima** tumbándome al sol.

Sus amigas se echaron a reír. La alegría de Nicky empezaba a contagiarlas a todas.

 El lugar perfecto

Cuando llegaron a su DESTINO, Colette, Paulina, Pamela y Violet se quedaron sin ALIENTO. Era una extensión de PLAYA rodeada de hierba muy verde y, al mirar al horizonte, vieron unos enormes FARALLONES que sobresalían del MAR azul.

—¡Es un sitio magnífico! —exclamó Violet acercándose a la orilla—. ¡Qué ganas tengo de bañarme!

—¡Pues a mí me apetece **ASISTIR** a mi primera clase de surf con la mejor profesora del **MUNDO**! —dijo Paulina abrazando a Nicky.

—Pam y yo aprovecharemos para jugar un rato a las PALAS —dijo Colette reuniéndose con su amiga.

Al cabo de unas horas, Nicky y Paulina volvieron a la orilla y, una vez todas JUNTAS, abrieron las cestas de la comida e improvisaron un pícnic en la playa. Luego descansaron debajo de la SOMBRILLA y en ese momento ocurrió algo inesperado.

—¿Lo habéis oído? —preguntó Nicky incorporándose de golpe.

—Sí —asintió Paulina—, parecía un silbido…

—¡DELFINES! —exclamó Nicky, y se acercó al agua junto a sus amigas—. El SILBIDO que acabamos de oír se parece al sonido que hacen los delfines.

Entonces vieron cerca de la orilla un pequeño grupo de cetáceos de cuerpo plateado.
—¿Qué hacen aquí? —se extrañó Pamela—. ¿No deberían estar en MAR abierto?
—En efecto, es muy raro —contesto Nicky—. Aquí el AGUA es poco profunda para ellos. Voy a VER... Vosotras esperadme aquí.
Un segundo después la chica se tendió en su tabla de surf e, impulsándose con los brazos, se dirigió hacia los delfines para **OBSERVARLOS** de cerca sin asustarlos.

¡UN GRUPO DE DELFINES!
¿QUÉ LES HABRÁ PASADO...?

Dio una vuelta alrededor de los DELFINES, luego volvió a la orilla y les dijo a sus amigas:

—Me temo que uno de ellos, el más pequeño, está herido... pero tendríamos que preguntarle a alguien más experto.

—¡Entonces no perdamos más tiempo! —exclamó Paulina PRECIPITÁNDOSE hacia su móvil—. Ya sabemos a quién llamar.

Por un amigo en apuros...

A los pocos minutos, Luke Van Kraken llegó a la playa, **ALARMADO** por la llamada de las chicas.

—Quiero observarlos de cerca —dijo el profesor de **BIOLOGÍA MARINA** mientras subía a una pequeña embarcación y remaba en dirección a los cetáceos—. Es **INSÓLITO** quc los delfines se acerquen tanto a la costa.

Poco después, el profesor volvió a la **PLAYA** y, con una **MIRADA** seria, anunció:

—Chicas, lo siento, lamentablemente es lo que nos temíamos...

—El delfín pequeño está HERIDO, ¿verdad? —lo interrumpió Nicky.

—Sí, por eso se han acercado a la costa —asintió él—. Tiene una herida en la aleta. No parece GRAVE y creo que con el tratamiento adecuado se curará en pocos días. Pero el problema es otro: al estar tan cerca de la orilla es un peligro para los DELFINES, porque corren el riesgo de encontrarse con mareas demasiado bajas y que luego no consigan llegar de nuevo a ALTA mar.

Colette los miró y vio que los cuatro delfines sanos permanecían al lado del animal herido sin ALEJARSE, y preguntó:

—Si es tan peligroso, ¿por qué los otros delfines han seguido hasta aquí a su compañero?

¡HAY UN DELFÍN HERIDO!
¡OH!

—Para estar con él en este momento DIFÍCIL —explicó Van Kraken—. Entre los delfines de un mismo grupo se crea un vínculo muy fuerte, algo parecido a un sentimiento de auténtica amistad.

Violet MIRÓ a sus amigas:

—Si lo pensáis bien, los delfines se han comportado exactamente como lo habríamos hecho nosotras. Si una estuviera en apuros o tuviese un PROBLEMA, las demás nunca la dejaríamos sola, aunque corriéramos peligro.

Tras las palabras de Violet se hizo el SILENCIO en la pequeña PLAYA. Los rayos de sol del atardecer teñían de naranja la arena. Muy pronto las chicas tendrían que regresar a la universidad.

Al final, Paulina ROMPIÓ el silencio:

—¡Y tampoco nosotras los vamos a dejar solos!

—¡Bien dicho, amiga! —la secundó Pamela—. Vigilaremos al grupo todos los días y haremos lo posible para evitar que los DELFINES corran peligro.

—Seguro que cuando volvamos a la universidad y expliquemos lo que ha pasado, nuestros amigos querrán ayudarnos —dijo Nicky.

—Yo también os ayudaré —SONRIÓ el profesor Van Kraken—. ¡Necesitáis un experto en Biología Marina a vuestro LADO!

—Gracias, profe —dijeron las muchachas a coro.

—¡Un momento, chicas! —las interrumpió Colette—. Falta una cosa...

—¿Qué? —quiso saber Paulina PERPLEJA.

—Bueno... tenemos que ponerle nombre al delfín herido —contestó la chica—. ¿Qué os parece llamarlo... **Azul**?

—Pues... ¡es perfecto! —exclamaron al unísono las demás, abrazando a su amiga.

SOS DELFINES

Aquella NOCHE, durante la cena en el comedor de la universidad, las chicas del Club de Tea les contaron a sus compañeros lo ocurrido en la PLAYA. Tal como habían previsto, enseguida les dijeron que estaban dispuestos a ayudarlas.

—No podemos dejar solo al DELFÍN herido ni tampoco a su grupo —declaró Shen—, pero necesitamos un plan.

—¡Tengo una idea! —exclamó Craig—. Hoy, después de las CLASES, en vez de quedarnos en la universidad, podemos llevarnos los libros a la playa y *estudiar* allí. Así les echamos un vistazo a los delfines.

—¡Me parece muy buena idea! —contestó Violet satisfecha.

—Chicos, estoy apuntando los turnos —dijo Colette reclamando la ATENCIÓN de todos.

Luego levantó la vista de la servilleta de papel en la que estaba escribiendo con su bolígrafo ROSA—. Por las mañanas el profesor Van Kraken cuidará del delfín HERIDO y los vigilará a todos. Y por las tardes, cuando terminen las clases, nos alternaremos nosotros en grupos de DOS o TRES.

—Y por la noche —intervino Paulina— podemos montar una tienda de CAMPAÑA en la playa y hacer turnos para dormir allí.

—Pasaremos la noche bajo las ESTRELLAS en compañía de los delfines. ¡Qué maravilla! —exclamó Colette con aire soñador.

—¡Qué ganas tengo de empezar! —dijo Tanja.

La ORGANIZACIÓN del Club de Tea funcionó de manera impecable.

Los delfines nunca se quedaban SOLOS, por tanto era casi imposible que se acercaran demasiado a la PLAYA y se quedaran atascados en la zona menos profunda. Y, si hubiera ocurrido, los chicos habrían avisado ENSEGUIDA al pro-

fesor Van Kraken y todos juntos habrían ayudado a los animales.

Era una misión **DIFÍCIL**, pero los estudiantes hacían sus turnos en la playa con gran ENTUSIASMO.

Aquel día, a última hora de la tarde, Colette, Pamela y Violet fueron a la **PLAYA** a relevar a Nicky y Paulina, pero al llegar… vieron a sus amigas en el agua BAÑÁNDOSE a la tenue luz del atardecer.

—¡Chicas! —gritó Colette desde la orilla a sus compañeras que chapoteaban cerca de los delfines—. ¡Ya estamos aquí! ¡Podéis volver a la universidad!

Pamela miró sonriendo a sus amigas que jugaban en el AGUA.

—Tengo el presentimiento de que no tienen ninguna intención de salir.

En efecto, a los pocos segundos les llegó desde el mar la VOZ de Nicky:

—¡Venid a bañaros con nosotras!

—¡El agua está TEMPLADA! —añadió Paulina.

Sin hacérselo repetir dos veces, Pamela, Colette y Violet dejaron las mochilas en la arena y después se reunieron en el mar con sus amigas.

—Ahora entiendo por qué no queríais salir del agua —dijo Pamela—. ¡Bañarse a esta hora es realmente excepcional!

—Y los delfines son grandes compañeros de NATACIÓN —bromeó Paulina.

Mientras las demás chicas del Club de Tea seguían nadando, Nicky se acercó al DELFÍN herido:

¡BRAVO!
¡JE, JE!

—Hola, pequeño Azul. No te preocupes, estás en buenas manos. Pronto estarás curado.

El animal, que ya conocía el nombre que le había puesto su nueva **amiga**, se aproximó a ella y dejó que lo acariciara.

La **HERIDA** de la aleta le impedía nadar con normalidad, pero logró dar un pequeño salto fuera del agua.

Un **CHORRO** de espuma salpicó a Nicky, que exclamó sonriendo:

—¡Eres realmente **juguetón**!

VANILLA MODELO

—¡Ratford nunca había estado tan tranquilo! —exclamó Vanilla mientras tomaba el sol con sus amigas en el JARDÍN de la universidad—. El ambiente es mucho más relajado desde que el Club de Tea se dedica a cuidar de esos peces inútiles...

—En realidad los delfines no son peces, son mamíferos... —la interrumpió Connie, apartando los ojos de la revista que estaba leyendo.

—¿Desde cuándo eres una EXPERTA en delfines? —contestó Vanilla ofendida.

—El profesor Van Kraken nos habló de ellos en CLASE hace unos meses —le recordó Alicia.

—Bueno... da igual —dijo Vanilla—. Ya sabéis a qué me refiero: esas COSAS VISCOSAS, con aletas y que nadan... Es mucho mejor estar aquí RELAJADAS que cuidar de todos esos animalotes.

Cuando unos días antes, durante la cena, las chicas del Club de Tea **pidieron** ayuda a sus compañeros, Vanilla ni siquiera las dejó terminar de hablar. ***SALIÓ*** del comedor comentando con las Chicas Vanilla:

—No soy VETERINARIA ni tampoco voluntaria de una asociación animalista. No tengo ninguna intención de implicarme en el asunto de los DELFINES. Así pues, después de clase, disfrutaba de la universidad MEDIO VACÍA.

—¡Vanilla! —exclamó de pronto Zoe, mostrándole una página de la revista que estaba leyendo—. Échale un vistazo al ANUNCIO de esta empresa de bañadores.

Alicia MIRÓ la revista y leyó el anunció:

—¡Guau! *Rat Swim* está buscando MODELOS para la campaña publicitaria de una nueva línea de bañadores. Tenemos que decírselo al Club de Tea. ¡Son PERFECTAS para este trabajo! Buscan modelos amantes de la naturaleza...

—¡¿QUÉÉÉ?! —gritó Vanilla, arrancándole rápidamente la revista de las manos a su amiga—. DÉJAME VER...

Mientras leía el artículo, le vino a la mente una imagen muy clara: la portada de una PRESTIGIOSA revista de moda con una fotografía de ella, Vanilla, en bañador.

—¡OLVÍDATE DEL CLUB DE TEA! —exclamó Vanilla—. *YO* soy la modelo perfecta para esa PUBLICIDAD.

Y sin esperar ni un segundo, se levantó y les ordenó a sus amigas:

—¡Venga, vamos! ¡RÁPIDO!

—Pe-pero ¿adónde? —preguntó Alicia sorprendida—. ¿No íbamos a descansar un rato?

—Ya nos RELAJAREMOS más tarde —contestó su amiga—. Ahora tenemos que hacernos FOTOS para mandárselas a *Rat Swim*... ¡La campaña publicitaria será mía!

Al cabo de media hora, Vanilla llegó a la playa del Islote de las Gaviotas llevando un bañador con PERLITAS muy elegante, un pareo a juego y unas gafas de sol a la última moda. Se tendió en el embarcadero que entraba en el mar para hacerse las primeras fotos. Lue-

go, no satisfecha, se hizo más en la barca que las chicas del Club de Tea utilizaban para vigilar a los DELFINES y, por último, se zambulló en el agua procurando no mojarse el sofisticado peinado que llevaba. Pero al entrar en el agua sus movimientos molestaron a los delfines, que reaccionaron… ¡a su manera!

—¿Qué hacéis, **peces inútiles**? —chilló Vanilla, intentando cubrirse la cara de las salpicaduras que levantaban los animales, moviendo las aletas por arriba y debajo del AGUA.

—Los delfines son animales sociables —le explicó Nicky, acercándose al oír el **JALEO** que estaba armando Vanilla—. Les debes de caer bien y quieren **jugar** contigo.

—¡¿Jugar con estos animales insoportables?! —se lamentó Vanilla saliendo del agua—. ¡Ni hablar! Yo estoy aquí trabajando por mi **FUTURO**.

—Ejem… Vanilla —dijo Connie al ver las fotos—. Creo que será mejor… **¡BORRAR TODO EL REPORTAJE!**

El reportaje fotográfico

¡Vanilla tendida en las rocas atrae miradas... perplejas!

¡A los delfines les gusta jugar... pero Vanilla no parece gustarle!

De Vanilla...
¡no ha salido bien!

¡Vanilla intenta acariciar a un delfín, pero... tiene miedo!

¡O oh! Vanilla parece muy furiosa...

Un anuncio inesperado

—¿Paulina?

La chica DORMITABA con la cabeza apoyada en una mesa de la biblioteca de la universidad.

—¿Paulina?

—Sí, sí… descubrieron América en 1492… sí… ¿los DELFINES? —murmuró la chica entre sueños—. ¡Ahora voy a la playa!

—¡*PAULINA!*

—¡Sí! —dijo ella, PONIÉNDOSE en pie de un salto, y se encontró cara a cara con el rector De Ratis—. Oh, perdone, estaba estudiando historia y… creo que me he quedado dormida.

A continuación, el rector miró a la alumna con expresión SEVERA:

—Últimamente todos los estudiantes que cuidan de los delfines están siempre muy, mejor dicho… DEMASIADO CANSADOS. ¡Tendré que tomar medidas al respecto! —y dicho esto, el roedor se ALEJÓ hablando solo—: No podemos seguir así…

Aquella misma tarde, en el tablón de ANUNCIOS de la universidad apareció una nota:

AVISO URGENTE:

SE RUEGA A TODOS LOS ALUMNOS QUE CUIDAN DE LOS DELFINES QUE SE PRESENTEN EN EL DESPACHO DEL RECTOR CUANDO TERMINEN LAS CLASES.

—¿Qué nos querrá decir? —preguntó Colette a sus amigas en el pasillo.

—Creo que nada bueno —reflexionó Pamela—. Desde que vamos ARRIBA y ABAJO de la PLAYA a la universidad varias veces al día,

siempre tenemos sueño… y quizá estamos descuidando un poco los **ESTUDIOS**.

—Yo ayer llegué tarde a la clase de ciencias —confesó Shen compungido—. Nunca habría **imaginado** que me ocurriría algo así.

—Temo que el rector nos diga que no podemos **seguir cuidando** de los delfines, al menos hasta que terminen las clases —concluyó Violet.

Aquella tarde, cuando los alumnos entraron en el despacho, el rector les ESPETÓ:

—¡Esto no puede seguir así!

—Perdone —trató de decir Nicky—, es que la playa donde están los DELFINES queda lejos y por DESGRACIA…

—Ya lo sé —la interrumpió el rector—. He hablado con el profesor Van Kraken y me ha dicho lo que ocurre. Pero los estudios son lo más importante y no podéis descuidarlos.

Los chicos MIRARON al rector avergonzados.

—A pesar de todo —continuó el roedor—, reconozco que la solidaridad, el amor a la naturaleza y el espíritu de sacrificio también son valores importantes.

Los estudiantes se miraron dubitativos.

—Por este motivo —concluyó el rector—, el profesor Van Kraken y yo hemos decidido suspender temporalmente las clases y adelantar el tradicional campamento de verano de BIOLOGÍA MARINA. Así, la semana que viene tendréis tiempo para cuidar de los DELFINES. Y sin tener que recorrer continuamente la isla a cualquier hora del DÍA o de la NOCHE. Las clases se impartirán en una posada que hay en la playa del Islote de las Gaviotas.

¡Y el tema del campamento de verano será: el mundo de los delfines!

—**¡No me lo puedo creer!** —exclamó Nicky sorprendida—. Usted es… es…

—¡Es el rector más superratónico del mundo! —concluyó Pamela.

LA POSADA DE MARIAN

A la MAÑANA siguiente, el profesor Luke Van Kraken y sus alumnos llegaron a la playa del Islote de las Gaviotas y se dirigieron a una pequeña posada cercana.

—¿Es la posada donde nos alojaremos, profe? —preguntó Pamela, señalando un viejo EDIFICIO que se alzaba a pocos pasos de ellos.

—«La posada de Marian» —dijo Paulina leyendo el letrero.

—Exactamente, nos quedaremos aquí —contestó el profesor entusiasmado, avanzando hacia la posada.

—Parece un sitio muy agradable —comentó Colette.

—Dices ¿agradable? —repitió Vanilla, parándose de repente—. Más bien tiene un aspecto RUINOSO. No pienso pasar la NOCHE ahí dentro.

—No te preocupes, nadie te obliga a venir con nosotras... —bromeó Pamela sin dejar de ANDAR—. Siempre tienes la opción de dormir en la playa.

Ante la idea de dormir dentro de un saco, en una tienda de campaña, Vanilla RESOPLÓ y siguió a sus compañeros, y pronto llegó a la posada y se reunió con el grupo.

Una vez dentro, la posada de Marian era acogedora y espaciosa.

—¡Este sitio es perfecto! —exclamó Nicky entusiasmada.

¡Qué bonito!
¿No te gusta?
¡Uf!

—Me alegro de que te guste mi posada —dijo un roedor de aspecto cordial, que se ACERCÓ secándose las manos en el delantal, antes de presentarse—. Buenos días, soy Tim. Disculpad, estaba en la COCINA.

De momento no había más clientes hospedados, de modo que Tim pudo dedicarse exclusivamente a los estudiantes y alojarlos en las confortables habitaciones del piso de arriba.

Después, para los chicos empezó su PRIMER día emocionante en el campamento de verano. Primero visitaron la bahía y luego tuvieron una CLASE sobre los delfines y la fauna marina local. Al atardecer se reunieron en la POSADA para cenar, cansados pero muy satisfechos.

—¡Es la mejor sopa que he probado! —exclamó Craig, aceptando la segunda ración que le ofrecía Tim.

—Me ALEGRO de que te guste —contestó una voz femenina detrás del muchacho—. En efecto, mi marido es un gran cocinero.

—Luego la roedora se acercó a la MESA donde estaban cenando los estudiantes y añadió—: Encantada de conoceros, soy **Florinda**.

Después los chicos empezaron a hablar animadamente con los dueños de la POSADA.

De pronto, Florinda suspiró y su mirada se volvió triste.

—¿Le ocurre algo? —preguntó Colette, que no se le había ESCAPADO el cambio de humor de Florinda.

—Es que… quizá seáis nuestros últimos clientes —respondió la

¡Este lugar es precioso!
¡Gracias!

roedora—. Es muy probable que tengamos que CERRAR la posada.

—¿Por qué? —preguntó Van Kraken—. Este lugar es PRECIOSO y sois unos excelentes anfitriones.

—Gracias, pero como podéis ver no se **aloja** mucha gente aquí —dijo Tim, señalando la sala desierta—. Los turistas prefieren albergues más modernos.

—Además —añadió Florinda—, habría que arreglar muchas cosas, pero hacerlo es demasiado CARO.

—Nos queda una última esperanza —suspiró Tim—. Mañana viene el responsable de una empresa de REFORMAS... esperemos que acepte hacer las obras a cambio de lo poco que podemos pagarle.

—Tengo una idea —dijo Pamela rompiendo el MELANCÓLICO silencio que se había creado—.

Denle un trozo de **TARTA DE FRESAS**. Está tan rica que, en cuanto la pruebe, se verá obligado a aceptar su propuesta.

Las chicas del Club de Tea se miraron. Tim y Florinda estaban seriamente **PREOCUPADOS**, y por desgracia una broma no iba a levantarles la moral…

Una llamada interesada

Al día siguiente, después de la CLASE del profesor Van Kraken, Nicky se quedó un rato en la bahía. Quería pasar todo el tiempo posible con los DELFINES.

—¡Ron! ¡Shen! —les gritó desde la orilla a los compañeros que habían hecho el turno de noche—. ¡Esta NOCHE podemos quedarnos Paulina, Violet y yo!

—Les has cogido realmente muchísimo cariño a los delfines, ¿verdad? —dijo una voz detrás de los chicos.

—Profesor Van Kraken, ¿aún está aquí? —preguntó Nicky.

—Sí, quiero ver cómo se encuentra Azul —contestó el profesor—. ¿Queréis venir conmigo?

El profesor subió a la pequeña BARCA atracada en la orilla y, acompañado de los muchachos, se aproximó hacia el delfín, y éste también se ACERCÓ.

—¡Muy bien, Azul! —exclamó Nicky, saltando de alegría.

—Está MEJORANDO muy rápido —dijo Luke Van Kraken acariciando la cabeza del delfín—. Pronto estará de nuevo en condiciones de nadar en MAR abierto.

Van Kraken se disponía a volver a la orilla, pero al coger los remos golpeó sin querer unas gafas de buceo que había en la barca y cayeron al agua. Los delfines se ACERCARON llenos de curiosidad, y empezaron a lanzárselas como si fueran una pelota.

—¡Nuestros amigos tienen ganas de **jugar**! ¡Y parece que nos estén pidiendo que nos unamos a ellos! —les gritó Van Kraken a los alumnos que estaban en la ORILLA—. ¿Aceptamos el reto?

La respuesta de Nicky, Shen y Ron fue tirarse al AGUA para jugar con ellos. Y lo mismo hicieron las otras chicas del Club de Tea al llegar a la playa.

—¡Eh, chicos! —llamó Vanilla acercándose a la orilla junto a sus amigas—. Venid aquí, así puedo fingir que juego con vosotros mientras Zoe hace unas FOTOGRAFÍAS.

—Vanilla, los delfines no se pueden acercar tanto a la orilla —la advirtió Connie.

—A MÍ ESO ME DA IGUAL —respondió Vanilla altiva. Luego entró en el agua y empezó a nadar en dirección al grupo, y añadió—: Acabo de retocarme el peinado y el maquillaje para las fotos, o sea que no me puedo moj...

Antes de que pudiera terminar la frase, las gafas de buceo que los delfines usaban como una pelota cayeron al AGUA a pocos centímetros de ella salpicándole toda la cara.

—¡Nooo! ¡Otra vez estos peces inútiles! —gritó furiosa, dando media vuelta—. Ahora tendré que ir a SECARME a esa posada que se cae de vieja.

Poco después, mientras se arreglaba el peinado y el maquillaje frente al espejo de su habitación, Vanilla RECIBIÓ una inesperada llamada de su madre:

—Mami, no te puedes imaginar lo horrible que es este sitio…

Pero Vissia pensaba en otra COSA y la interrumpió enseguida. En cuanto su hija le habló de los problemas económicos de Tim y Florinda, se le ocurrió una idea…

—¡¿Cómo?! ¿Piensas comprar la posada para derribarla y construir un maxi salón de belleza? ¡¡¡Es una idea estupenda!!! —exclamó Vanilla. Luego añadió en voz baja—: Entiendo… quieres que averigüe si la empresa de REFORMAS ha aceptado la oferta de Tim. De acuerdo.

Sin colgar, la chica bajó SIGILOSAMENTE la escalera y, desde detrás de la puerta de la cocina, espió lo que ocurría dentro. Cuando VIO la expresión desconsolada en el rostro de Tim mientras acompañaba a la puerta al responsable de la empresa, sonrió muy satisfecha y después susurró por el **móvil**:

—Tranquila, mami. Creo que la posada estará en venta **MUY PRONTO**.

Según algunas leyendas...

A la mañana siguiente todos los muchachos se despertaron muy temprano, preparados para REUNIRSE con el profesor Luke Van Kraken en la playa para asistir a una nueva clase sobre los delfines.

—¡VENGA, PAM, DATE PRISA! —gritó Nicky al ver que su amiga todavía estaba desayunando—. Elly, Tanja y el profesor nos están ESPERANDO.

—¡Ya voy! —contestó la chica, sirviéndose otro trozo de tarta que había preparado Tim para el desayuno—. Esta TARTA de manzana está tan buena...

—Ya lo creo —respondió Craig acercándose a la mesa—, yo también voy a coger otro **TROCITO**...

—Podéis llevaros lo que queda de tarta a la **PLAYA** y comerla para merendar —sugirió Florinda.

—¿En serio? ¡Gracias! **TEMÍA** que Pam no fuera a levantarse de la silla hasta comerse la última miga —bromeó Nicky.

Pero muy pronto desapareció la alegría inicial...

Al llegar a la playa, los chicos encontraron a Van Kraken **MUY PREOCUPADO**.

—¡Menos mal que estáis aquí! —dijo el roedor corriendo hacia sus **alumnos**—. Tenemos un problema con la **BARCA**.

Después el profesor les contó que por la noche la marea había empujado la embarcación que usaba para **SUPERVISAR** el estado de salud

de **Azul** contra las rocas, y se había roto una parte del fondo.

—Creo que es fácil de REPARAR —comentó el profesor—, pero no tengo las herramientas necesarias para hacerlo...

—Podríamos pedírselas a Tim —sugirió Paulina—, seguro que tiene algo en la posada.

Dicho y hecho. Las chicas y Van Kraken volvieron a la **posada** y, tal como imaginaba Paulina, allí encontraron todo lo necesario para reparar la embarcación.

—Si queréis —dijo Tim, tendiéndole a Van Kraken una **CAJA DE HERRAMIENTAS**—, voy con vosotros y os echo una mano.

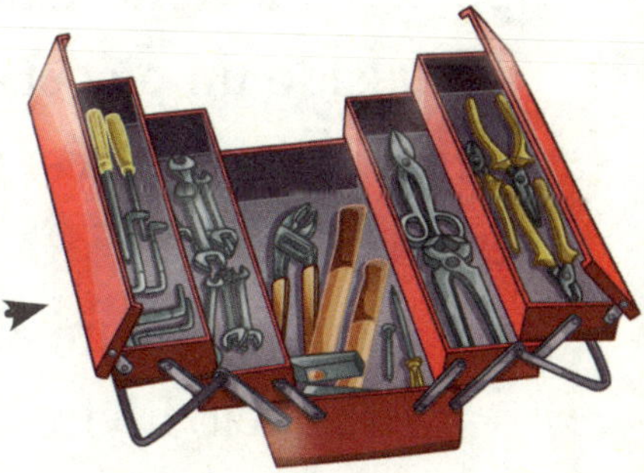

—¡SERÍA FANTÁSTICO! —exclamó Nicky.

La ayuda de Tim fue providencial. De hecho, además de ser un gran cocinero, el roedor era capaz de ARREGLAR cualquier cosa, y al poco rato la pequeña embarcación ya estaba en el mar.

Así, pudieron visitar un día más a Azul.

Por la noche, los chicos salieron al porche de la posada a tomar una infusión de JAZMÍN y charlar con Tim y Florinda.

—Gracias otra vez… —dijo Nicky acercándose a Tim—. Sin tu AYUDA, hoy no habríamos podido ir a ver a Azul.

—Ha sido un placer —contestó el roedor—. Y también es un placer teneros aquí. La posada no estaba tan ALEGRE y animada desde los tiempos en que vivía mi abuelo Elviro...

—¿Tu abuelo Elviro vivía aquí con vosotros? —preguntó Nicky.

—Sí. Fue él quien construyó la **posada**. No sólo era un buen carpintero, sino también era muy **BUENO** contando historias.

Al oír a Tim hablar de su abuelo, los estudiantes se acercaron curiosos.

—Al abuelo Elviro le encantaban las leyendas sobre la Isla de las Ballenas —dijo Tim—. Cuando era pequeño me contaba muchas.

—¿Y cuál era tu favorita? —preguntó Colette.

Tim contestó sin pensarlo dos veces:

—La de una antepasada suya... La posada lleva su nombre: la valiente Marian.

La valiente Marian

—¿La **VALIENTE** Marian? —repitió Paulina con curiosidad—. ¿Quién era?

Tim **MIRÓ** a la chica sorprendido:

—¿Nunca habéis oído hablar de ella? La **leyenda** de la valiente Marian es una de las más antiguas de la Isla de las Ballenas.

—¡Nos gustaría **ESCUCHARLA**! —exclamó Pamela, mientras sus compañeros asentían muy interesados.

Lady Marian

—Sí, Tim, por favor —le pidió Violet—. Háblanos de la VALIENTE Marian.
Tim sonrió, contento al ver que las historias de su abuelo suscitaban el interés de los chicos.
—Vamos a ver... —dijo, cerrando los OJOS y sentándose en la mecedora—. ¿Cómo empezaba siempre el abuelo Elviro? Ah, sí: «*Larga* MELENA *cobriza y una risa que llegaba al corazón: Marian era el sol que* iluminaba *la isla incluso los días de lluvia*».
—A principios del siglo XVIII —siguió contando Tim—, en la Isla de las Ballenas vivía una joven llamada Marian. La muchacha amaba todo lo que había en la isla donde había nacido y crecido: la gente, la naturaleza y los delfines que poblaban el MAR.
—¡¿Has dicho delfines?! —preguntó Nicky al oír ese detalle.

—Exacto —asintió Tim—. Marian salía todos los días con su barca y pasaba un rato con un grupo de DELFINES que, al igual que a vuestros amigos, les gustaba la costa donde está nuestra posada. En la Isla de las Ballenas, Marian vivía inmensamente feliz y sin preocupaciones... al menos hasta el día en que apareció en el HORIZONTE la silueta amenazadora del *Tremendo*.

Los chicos se sobresaltaron, impacientes por saber cómo seguía el relato.

—*TREMENDO* era el barco pirata más temido de todos los mares —continuó Tim—. Los miembros de su tripulación eran unos **MALEANTES**, comandados por el capitán Willy Manos Largas, llamado así porque metía las manos en todos los **TESOROS** y objetos de valor que encontraba en su camino, robándoles a los isleños, hasta que un día… este terrible pirata **RAPTÓ** a Marian y a otros chicos con la intención de llevarlos a bordo del *Tremendo*, como **GRUMETES** y pinches de cocina.

—¡Qué historia tan triste! —lo interrumpió Colette.

—Querida Colette —rio Tim—, no llegues a conclusiones precipitadas. Si la leyenda define a la joven Marian como valiente es porque, ante esa injusticia, la chica decidió no rendirse. Esperó a que fuera de NOCHE y, gracias a su astucia y agilidad, consiguió liberar a sus compañeros y huir con ellos. Además, antes de abandonar el *Tremendo*, recuperó el baúl donde WILLY MANOS LARGAS ocultaba los tesoros que les había robado a los isleños.

—¡¡¡Viva!!! —aplaudió Colette, creyendo que era el final de la historia.

Pero Tim la interrumpió de nuevo:

—La historia no acaba aquí... Cuando Willy Manos Largas vio que los jóvenes isleños se habían escapado, FURIOSO, se lanzó a perseguirlos —en ese punto, el roedor bajó la voz—: Era una noche oscura, y el cielo y el mar estaban completa-

¡RÁPIDO! ¡RÁPIDO!

mente **NEGROS**. Marian y sus amigos habían huido a bordo de una pequeña chalupa pero, aunque remaban con todas sus fuerzas, el pirata tenía mucha más experiencia, ¡y en poco tiempo los **ALCANZÓ**! «*¡No tenéis escapatoria! ¡Rendíos!*», gritaba el malvado roedor. **Willy Manos Largas** consiguió hacer caer a los muchachos en el agua helada, pero justo en ese momento un sonido imprevisto dio esperanzas a Marian y sus amigos: era un silbido que venía del **AGUA**...

—¡Seguro que eran los delfines amigos de Marian! —exclamó Nicky radiante.

—Exacto —confirmó Tim—. Los DELFINES acudieron a ayudarlos. **Marian** y los chicos montaron en los animales y se alejaron, mientras Willy Manos Largas, sorprendido por aquel asalto imprevisto, cayó al agua junto con su apreciado

TESORO y todas las riquezas se hundieron en el fondo del mar.

—¡Nooo! —se lamentó Pam—. ¡Tanto **ESFUERZO** para nada!

—Eso decía yo cuando mi **abuelo** llegaba al final de la historia —sonrió Tim—. ¿Y sabes qué me contestaba él? «*Tienes razón, mi pequeño Tim.*

Pero el gesto de Marian y sus amigos resultó mucho más valioso *que cualquier tesoro o bien material, porque enseñó a los habitantes de la isla que un pueblo no se hace fuerte gracias a la* **PREPOTENCIA** *y la* INJUSTICIA, *sino a la valentía y la solidaridad».*

Un diario lleno de misterios

Aquella noche, después de escuchar la leyenda, los chicos se durmieron pensando en Marian que había desafiado al más TEMIBLE de los piratas. Nicky, sobre todo, se había quedado muy impresionada por aquella aventura tan ROCAMBOLESCA.

Al día siguiente, la chica fue a buscar a Tim:

—Perdona, ¿puedo robarte unos minutos? —le preguntó asomándose a la COCINA de la posada.

—Por supuesto, dime —contestó el roedor, ultimando la decoración de una TARTA de chocolate—. ¿Más problemas con la barca?

—No, no se trata de la barca —contestó Nicky **ACERCÁNDOSE**—. Es algo sobre… la leyenda de Marian. Su historia me interesa mucho, me gustaría saber más.

—Estás precisamente en el lugar adecuado para descubrir todo lo que se sabe de la valiente Marian —SONRIÓ Tim—. ¡SÍGUEME!

A continuación el roedor se acercó a la entrada, cogió una enorme llave de hierro del cajón de un escritorio antiguo y se dirigió a la ESCALERA que condujo al sótano. Nicky lo siguió.

—Como te decía —prosiguió Tim al llegar frente a una puerta de MADERA—, al abuelo Elviro le apasionaba especialmente la leyenda de la valiente Marian y buscó todo tipo de DOCUMENTOS que hablasen de ella. Los guardó todos aquí dentro… —Tim metió la *llave* en la cerradura, abrió la puerta y le enseñó a Nicky un sótano lleno de libros y documentos antiguos—. Espero que aquí encuentres respuesta a todas tus preguntas.

—¡Guau! —exclamó Nicky—. ¡Gracias, Tim! Voy a llamar a mis amigas, les encantará que miremos los libros juntas.

Poco después, las chicas del Club de Tea al completo se sumergían entusiasmadas en aquella especie de MUSEO dedicado a la heroína de la isla.

—¡Eh, Nicky, mira esto! —la llamó Pamela cogiendo un ENORME marco dorado oculto detrás de un mueble—. ¡Es un retrato de Marian!

—¡Es precioso! —opinó Colette admirando el cuadro fascinada—. MIRAD qué medallón tan bonito lleva…

La joya que tanto le gustaba a Colette era una rosa de los vientos, citada en muchos de los libros que tenía el abuelo Elviro.

—Aquí menciona que Marian le tenía mucho cariño a ese precioso MEDALLÓN... —leyó Violet.

—Por desgracia, según la leyenda también se hundió en el MAR durante la huida con los delfines, y Marian nunca lo encontró —añadió Nicky con tristeza.

Las chicas del Club de Tea siguieron buscando dentro de un gran BAÚL, y en un momento dado encontraron un cuaderno de tapas oscuras... ¡era el diario del abuelo Elviro!

—Chicas —dijo Violet después de leer unas páginas—, no quisiera equivocarme, pero creo que el abuelo de Tim INVESTIGÓ para encontrar el lugar donde se hundió el tesoro que

¡MIRAD!
¡CUÁNTAS COSAS!

Marian y los demás le quitaron a WILLY MANOS LARGAS.

Hojeando el diario, las muchachas encontraron apuntes, cálculos y suposiciones que el anciano roedor había ANOTADO con cuidado... hasta llegar a una frase que las dejó sin aliento.

—¡Chicas, oíd esto! —Violet leyó—: «*Los delfines me enseñaron el camino, y los delfines tienen la respuesta... ¡ahora ya sé dónde está el tesoro!*».

—¡O SEA QUE ELVIRO LO CONSIGUIÓ! —exclamó Paulina—. ¡Encontró el tesoro!

—No exactamente —contestó Violet mientras seguía leyendo—: Aquí dice que averiguó dónde estaba, pero que era demasiado anciano para ir a BUSCARLO. Y que no le habló a nadie de su descubrimiento por MIEDO a que no lo creyeran.

—Pero nosotras sí lo **CREEMOS**, ¿a que sí, chicas? —preguntó Nicky ilusionada—. El abuelo Elviro se pasó la vida buscando el tesoro de **Marian**. Ahora nosotras podríamos recuperarlo por él.

—Sí, y sobre todo por Tim y Florinda —añadió Paulina.

—Si lo encontramos, servirá para **SALVAR** la posada. Sólo tenemos que seguir lo que Elviro escribió en su diario. Sus notas serán las pistas que nos conducirán al **TESORO**.

—Sí, es cierto, pero… en realidad ¿qué significa «*los delfines tienen la respuesta*»? —preguntó Colette pensativa.

—Aún no lo sé… —contestó Nicky—, pero si os fijáis los DELFINES siempre están presentes en esta historia.

—Es verdad —comentó Pamela—: Los delfines del grupo de Azul, los que nadaban con Marian, y ahora también los que cita el abuelo Elviro.

—Y no solamente esto: a un artista de esta zona debían gustarle mucho los delfines porque los incluyó en sus obras… Mirad ese jarrón —dijo Colette, señalando uno desportillado y abandonado desde hacía años en una estantería—. Está decorado con unos espléndidos dibujos de dos delfines.

Paulina se puso de pie y se acercó a OBSERVARLO mejor, luego murmuró:

—Dejadme mirar una cosa... empiezo a SOS-PECHAR que… ¡Ah, claro! ¡Ya lo tengo! —exclamó.

En cuanto cogió el jarrón, algo tintineó en su interior. Paulina lo puso boca abajo y, radiante, les mostró a sus amigas lo que tenía en la mano: un medallón INCRUSTADO de sal.

—¡Es el medallón de Marian! —gritó Nicky—. Pero… ¿no se había perdido en el MAR?

—Sí. ¿No lo entendéis? «*Los delfines me enseñaron el camino*»… con esta *frase* Elviro nos dice que vio cómo los delfines rescataban el ***MEDALLÓN*** durante una de sus salidas en barca, y después lo recuperó. Luego lo **ESCONDIÓ** aquí, evidentemente sin decírselo a nadie...

—¡Esto demuestra que el abuelo de Tim averiguó dónde se **hundió** el tesoro! —exclamó Violet.

El mapa secreto

Mientras sus amigas se pasaban el ***MEDALLÓN*** de Marian para mirarlo de cerca, Violet seguía hojeando el diario del abuelo Elviro con mucha atención.

—Violet, se puede saber ¿qué estás leyendo? —preguntó Pam, sorprendida por el prolongado silencio de su amiga.

—Nada, es que... Escuchad lo que escribió **Elviro** al final del diario: «*Yo nunca veré el tesoro... pero sé que detrás de la imagen de Marian se oculta el camino hacia él...*».

—¿Creéis que podría ser otra **PISTA**? —preguntó Colette.

—Es posible —asintió Violet—, pero no sabría cómo empezar a DESCIFRARLA.

—«*Detrás de la imagen de Marian se oculta el camino...*» —repitió Nicky MIRANDO a su alrededor con atención—. Pam, ¿dónde está el retrato de Marian?

—Ahí detrás... —contestó su amiga perpleja.

Después Nicky se precipitó hacia el gran cuadro, gritando:

—¡Rápido, ayudadme a darle la vuelta!

Con enorme SORPRESA, pegado detrás de la tela, las chicas encontraron un papel amarillento por el tiempo.

—¿Qué será? —preguntó Paulina observándolo con aire interrogativo.

—Creo que es el mapa que dibujó el abuelo Elviro para indicar dónde está el tesoro de Marian —respondió Nicky.

—¿¿¿MAPA??? Yo solamente veo un papel con las esquinas gastadas y manchas de HUMEDAD —comentó Pamela poco convencida.

En efecto, en el PAPEL no se veía nada y estaba muy amarillento. Sólo había una pequeña X, y en una esquina la silueta de una rosa de los vientos.

—Déjame ver —intervino Violet—. Aquí hay algo *escrito*, pero la tinta está casi borrada... *«La rosa de piedra te indicará dónde mirar».*

—¿¿¿La ROSA de piedra??? —repitió Colette dubitativa.

—Quizá se refiera a la rosa de los VIENTOS —sugirió Violet—. El dibujo que se ve en la esquina del papel es una rosa de los vientos, pero ¡no es de piedra!

De pronto, Nicky se iluminó:

—Creo que ya lo entiendo. Acabo de RECORDAR que he visto una rosa de los vientos en la bahía. ¡Venid conmigo!

Sus amigas la SIGUIERON. Nicky corrió veloz a la playa y la recorrió entera hasta el extremo oriental. Una vez allí, se paró delante de una PIEDRA grande con un mapa de la bahía grabado.

—La primera vez que vine aquí este MAPA rupestre me llamó mucho la atención, sobre todo esta rosa de los vientos GRABADA en una esquina… casi parece un bordado en la piedra.

—Lo siento, chicas, pero sigo sin entender nada —insistió Colette todavía PERPLEJA.

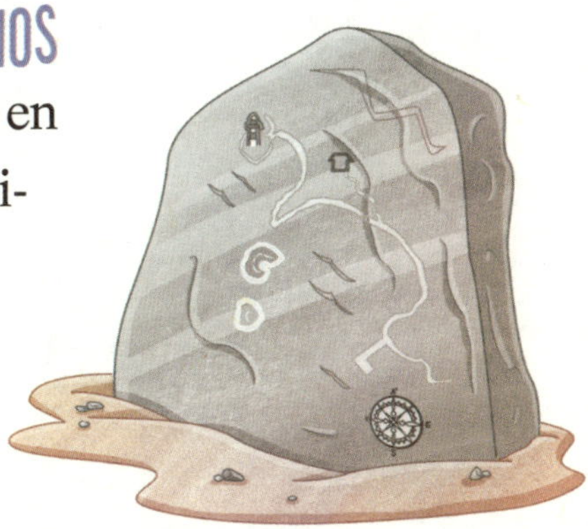

—Creo que si SUPERPONEMOS el mapa del abuelo Elviro en la piedra y hacemos coincidir el dibujo de la rosa de los vientos, esta X nos indicará exactamente el lugar donde se hundió el TESORO de Willy Manos Largas —dijo Nicky.

—Pero ¿cómo vamos a...? —empezó Pam.

Antes de que pudiera terminar la frase, Nicky exclamó:

—¡MIRAD!

Luego sacó del bolsillo un lápiz y empezó a pasarlo con delicadeza por el papel colocado sobre la piedra. Los SURCOS del dibujo grabado en la piedra empezaron a marcarse en el papel y, al final, las chicas pudieron distinguir todos los

¡MIRAD!
¡SEÑALA UN PUNTO HACIA ALLÍ!

lugares de la PLAYA: el perfil de la bahía, el embarcadero, la punta del faro y los dos farallones en medio del golfo. Pero lo más importante era que la X que había trazado el anciano pescador señalaba un punto concreto: la parte de MAR situada entre los dos islotes.

—¡El tesoro desaparecido se encuentra justo ahí ABAJO!

DESTINO: ¡TESORO!

—*¡¡¡CHICOS!!!* —gritaron las chicas del Club de Tea a sus amigos que estaban en la playa—. ¡HEMOS ENCONTRADO EL TESO-RO! Si lo recuperamos, salvaremos la posada de TIM y Florinda.

—¿El tesoro? —preguntó Vanilla, levantándose de la toalla en la que estaba tumbada tomando el sol—. ¿De qué tesoro habláis?

—¡Del de Marian! —contestó Nicky—. Por fin hemos descubierto dónde está: en el mar, entre los FARALLONES.

—Podríamos tomar prestados la lancha y los equipos de submarinismo del laboratorio de

BIOLOGÍA MARINA, para ir a buscar el tesoro —propuso Violet.

—¡CUÁNTO TRABAJO! Todo para ayudar a esos dos con su posada de pacotilla —resopló Vanilla tratando de DESANIMAR a sus compañeras. Si encontraban el tesoro, lo utilizarían para arreglar la posada, y eso acabaría con los PLANES de su madre.

—TIM y Florinda son muy amables y merecen nuestra ayuda —replicó Pamela.
—Por supuesto... ¡no hace falta que te ENFADES! —contestó Vanilla—. Le pediré a Alan que traiga el bote que tengo en mi YATE, para ayudaros.
Poco después, las chicas del Club de Tea volvieron a la PLAYA con todo lo necesario.

Mientras tanto, las Chicas Vanilla se reunieron en la **lancha** de la familia De Vissen.

Cuando Vanilla arrancó el motor, Colette vio que SONREÍA de un modo extraño, y eso no auguraba nada bueno…

Los dos botes empezaron a surcar el **MAR** y, de pronto, el de Vanilla adelantó al del Club de Tea.

—**¡Adiós, chicas!** —les dijo ella con aire desafiante.

—Vanilla está tramando algo —dijo Paulina frunciendo el ceño.

Entretanto, a Pam le costaba mucho mantener la **ESTABILIDAD** de la lancha, que saltaba por culpa de las olas que iba levantando la embarcación de Vanilla.

—**¡Por mil motores motorizados!** ¡Lo está haciendo aposta! —les gritó a sus compañeras.

—Chicas —dijo Colette—, no sé por qué, pero Vanilla NO QUIERE que encontremos el tesoro antes que ellas.

En efecto, Vanilla quería llegar hasta el TESORO, recuperarlo y… apoderarse de él, con la excusa de que había llegado primero.

Pero en ese momento aparecieron los DELFINES, porque las maniobras imprudentes de Vanilla los habían molestado, y los animales rodearon el bote IMPIDIÉNDOLE seguir.

—Pero ¿qué hacen? —gritó Vanilla, al verse obligada a apagar el motor.

—¡¿Habéis visto?! —exclamó Paulina, volviéndose a mirar la lancha de los De Vissen parada en el MAR.

—Los delfines les han bloqueado el paso —sonrió Nicky—. Vayamos a buscar el TESORO y después... volveremos a por las Chicas Vanilla.

—Está claro que a los delfines nunca les ha caído bien Vanilla —bromeó Pamela poniendo rumbo hacia los **FARALLONES**.

DESTINO: ¡TESORO!

¡VAMOS!
¡UF!
¡FUERA DE AQUÍ!

Una ayuda del mar...

—¡Ya hemos llegado! —exclamó Pamela apagando el motor y empezando a **BAJAR** el ancla.

Las muchachas se quitaron los chalecos salvavidas y se pusieron las gafas, las aletas y la bombona de buceo.

Mientras se preparaban para la **INMERSIÓN**, llegó el profesor Van Kraken acompañado de dos submarinistas profesionales del laboratorio de **BIOLOGÍA MARINA**.

Poco antes, las chicas del Club de Tea le habían comunicado su descubrimiento, y el profesor Van Kraken les dijo:

—Felicidades, chicas. Esperadme en los farallones. Iré enseguida para vigilaros mientras hacéis la INMERSIÓN.

—¿Listas? —preguntó Colette.

—¡Listas! —contestaron sus amigas, y luego se sumergieron una tras otra.

Una vez debajo del agua, las cinco chicas abrieron los OJOS detrás de sus gafas de buceo: el fondo de aquel tramo de mar era fantástico.

Había arrecifes de coral con mil tonos de rojo, cantidad de ALGAS que danzaban al ritmo de la corriente y una miríada de peces de muchísimos colores que nadaban en el mar CRISTALINO.

A continuación, las chicas del Club de Tea decidieron DIVIDIRSE en grupos, y después recorrieron a buen ritmo el fondo del mar en busca del tesoro.

Lamentablemente, a los pocos minutos volvieron exactamente al punto de partida, sin haber encontrado nada. Pero justo en ese preciso momento, detrás de unas ALGAS aparecieron cuatro hocicos que las chicas conocían muy bien… ¡Eran los delfines del grupo de Azul!

Entonces los cetáceos empezaron a nadar en dirección a una zona repleta de algas y las muchachas decidieron seguirlos. Estaban seguras de que las CONDUCIRÍAN al lugar preciso que buscaban.

Y, en efecto, guiadas por los delfines, las chicas llegaron frente a un cofre de MADERA

¡MIRAD!
¡SON NUESTROS AMIGOS!
¡VAMOS A SEGUIRLOS!

cubierto de algas, cerrado por un candado con la cerradura **OXIDADA**.

Por fin habían encontrado... **¡el tesoro de Marian!**

ENTONCES... ¡ERA VERDAD!

—¡No me lo puedo creer! —exclamó Tim abriendo los **OJOS** como platos al ver el cofre en el suelo de la posada—. ¡Realmente lo habéis encontrado!

—Sí, y, además, también hemos *encontrado* esto —dijo Colette, tendiéndole a Florinda el colgante de Marian.

—Oh... no sé qué decir... —balbuceó Tim aún **INCRÉDULO**.

—Pues puedes decir que... ahora mismo vas a por un MARTILLO —bromeó Pam—, y así abrimos el candado.

Cuando por fin abrieron el cofre, todos se quedaron sin ALIENTO al ver las monedas de oro y las piedras preciosas que contenía.

—ENTONCES... ¡ERA VERDAD! —exclamó Florinda.

—Y lo mejor es que las monedas de oro que robó WILLY MANOS LARGAS ahora servirán para reformar la posada de Marian —contestó Nicky SONRIENDO.

—Chicas, sois realmente geniales —dijo Tim emocionado—. ¡Tenemos que organizar una fiesta en la PLAYA!

Y, a las pocas horas, todos se reunieron frente al mar, a la luz de la luna, para celebrar el final de aquella aventura extraordinaria.

¡El cofre está lleno!
¡Qué maravilla!
¡Podréis reformar la posada!
¡Guau!

Vanilla no estaba. Ella y sus amigas habían vuelto CO-RRIENDO a la universidad. Estaba furiosa: el plan de su madre se había ido al traste, y encima NO había podido hacer el reportaje fotográfico.

Aquella NOCHE Vanilla se perdió también otra celebración: ¡Azul estaba curado!

Las chicas del Club de Tea oyeron los sonidos de los DELFINES y montaron en su barca. Vieron al más pequeño completamente curado, nadando con sus amigos.

—¡Azul! —exclamó Nicky emocionada—. ¡Ya estás bien!

El animal se acercó a la embarcación para despedirse, luego se ALEJÓ con sus compañeros que siempre habían permanecido a su lado.
Pero antes de desaparecer en el HORIZONTE, Azul se dio la vuelta y lanzó una serie de silbidos agudos.
—Desconozco la lengua de los delfines —dijo Pam, al observar los OJOS húmedos de Nicky—, pero creo que dice que te quiere mucho.
La chica asintió, abrazó a sus amigas y dijo:
—Esos DELFINES son como nosotras:

simpáticos, alegres y...
¡amigos para siempre!

¡Gracias!
¡Adiós, Azul!

ÍNDICE

¡Llega el verano! 7

El lugar perfecto 12

Por un amigo en apuros... 21

SOS delfines 27

Vanilla modelo 35

Un anuncio inesperado 44

La posada de Marian 51

Una llamada interesada 59
Según algunas leyendas... 66
La valiente Marian 73
Un diario lleno de misterios 82
El mapa secreto 93
Destino: ¡tesoro! 101
Una ayuda del mar... 108
Entonces... ¡era verdad! 113

Vida en Ratford

¡Leer es una aventura emocionante!
¡Marca los libros de tu colección!

- 1 Escenas de amor en Ratford
- 2 El diario secreto de Colette
- 3 El Club de Tea en peligro
- 4 Reto a paso de danza
- 5 El proyecto supersecreto
- 6 Cinco amigas y un musical
- 7 Camino a la fama
- 8 ¿Quién se esconde en Ratford?
- 9 Una misteriosa carta de amor
- 10 El sueño sobre hielo de Colette
- 11 Un, dos, tres... ¡se rueda en Ratford!
- 12 Top model por un día
- 13 Misión mar limpio

14 El club de las poetisas

15 La receta de la amistad

16 El gran baile con el príncipe

17 El fantasma del Castillo del Halcón

18 Todas podemos ser campeonas

19 Más que amigas... ¡hermanas!

20 Una boda de ensueño

21 Salvemos a los animales

22 El concierto del corazón

23 Mil fotos para una top model

24 El tesoro de los delfines azules

1
2
3
4
5
6
7
8
9
10
11
12
13
14
15
16
17
18
19
20
21
22
ISLA de las
BALLENAS

La ISLA de las BALLENAS

1. Observatorio Astronómico
2. Islote de las Gaviotas
3. Playa de los Burritos
4. Clínica veterinaria «Cachorros felices»
5. Posada de Marian
6. Monte Despeñadero
7. Pico del Halcón
8. Playa de las Tortugas
9. Río Lapa
10. Bosque de los Halcones
11. Universidad de Ratford
12. Gruta del Viento
13. Círculo de Vela
14. Academia de Moda
15. Arrecifes del Cormorán
16. Bosque de los Ruiseñores
17. Biblioteca Municipal
18. Puerto
19. Villa Marea: Laboratorio de Biología Marina
20. Instalaciones fotovoltaicas para la energía solar
21. Bahía de las Mariposas
22. Arrecife del Faro

RATFORD
1
2
3
4
5
6

UNIVERSIDAD de RATFORD

1. Campos de deporte
2. Habitaciones de los alumnos
3. Clubes estudiantiles
4. Jardín
5. Torre del Norte
6. Redacción de la revista
7. Despacho del rector
8. Sala de fiestas
9. Torre del Sur
10. Jardín de Hierbas Aromáticas
11. Comedor
12. Biblioteca
13. Aula Magna
14. Entrada

¡Adiós, hasta la próxima aventura!

Descúbrelo todo sobre el mundo del Club de Tea en www.clubgeronimostilton.es

PRUEBA DE COMPRA
TEA STILTON
VIDA EN RATFORD
nº 24